# LAS HISTORIAS JAMÁS CONTADAS DE ESTER

POR EDI BALZAN

e625.com

**LAS HISTORIAS JAMÁS CONTADAS DE ESTER**

e625 - 2025

Dallas, Texas



---

Editado por: **Marcelo Mataloni**

Ilustraciones por: **Edi Balzan**

Diseño interior y portada: **JuanShimabukuroDesign**



ISBN: 978-1-954149-73-1

IMPRESO EN ESTADOS UNIDOS

# DEDICATORIA:

A ti, que estas en la búsqueda de tu lugar en el mundo, espero que estas historias no solo te diviertan, sino que también te animen a ser fuerte y a nunca temer alzar la voz por el bien. Recuerda que el verdadero coraje no es la ausencia de miedo, sino elegir lo correcto a pesar de él. Como la Reina Ester, aprende a actuar con valentía y sabiduría, confiando en el poder de hacer lo justo. Que estas historias te enseñen a defender la verdad, a tener fe en Dios y a recordar que cada uno de nosotros puede marcar la diferencia.

¡El mundo necesita más héroes como tú!


# AGRADECIMIENTOS:

Este es el segundo libro de una pequeña aventura que nació de una simple idea y, gracias a Dios, hoy pudo llegar hasta tus manos. Quiero agradecer, especialmente, a mi hija Amanda, quien estuvo a mi lado mientras trazaba cada página. En cada boceto de Ester, veía el reflejo de su carácter, su dulzura y su luz, haciendo que esta historia cobrara aún más vida.

# NOTA ESPECIAL PARA PADRES Y MAESTROS

**¡Qué bueno que tus niños tengan este libro!**

Su propósito es doble: por un lado queremos que se familiaricen con un protagonista de la Biblia y su momento y lugar de la historia; y por el otro queremos que involucren su imaginación para que puedan mirar con ojos frescos sus enseñanzas y prestar mayor atención al relato bíblico. Por estas razones, este divertido libro cuenta escenas imaginarias de lo que un protagonista bíblico pudo haber pasado, para que luego los acompañes al texto de la palabra de Dios y puedan encontrarse con ese protagonista y lo que Dios hizo con su vidas. ¡Gracias por tu influencia en la nueva generación!

**Equipo de e625.com**

# HISTORIAS

DIOS SALVE A LA REINA ESTER
QUE LO DE"PRINCESA" NO TE ENGAÑE
ESTER, ANTES DE SER UNA GRAN REINA, ERA UN NIÑA JUDÍA... ¡EN MEDIO DE UN IMPERIO PERSA!

# UNA PEQUEÑA RIVALIDAD

¡MORDERÁS EL POLVO!
SIEMPRE HABLANDO DE MÁS...
¿ESTÁS LISTA?
¡¡¡A CORRER!!!

¡VAMOS!

¡Vamos, Hada!
¡Están cerca!
¡Corre, Hada!
¡Ciro! ¡Ciro!

¡No puedes ganarme!
¡Lo siento, creo que eso estoy haciendo!

OOH!
SWAP!

BOOM
MEEEH...
BANG!
OINK
GGRRR

Eso sí que dolió
¿Estarán bien?
¿Quién ganó?

NO PODEMOS VER NADA..
¡ESPEREN! SE VE LA LÍNEA...
¡HADA GANÓ!

¡Sí, sí!
¿Quién es mi campeona?

¡Buena carrera!
¡Hada!

¡NO FUE UNA CARRERA JUSTA! TROPEZASTE, ASÍ QUE NO CUENTA
POR SUPUESTO, CORRAMOS DE VUELTA
¡TE PUEDO GANAR OTRA VEZ!
¡NO ES CIERTO, Y NO GANASTE!
¡JA,JA,JA! ¡NO TE ENOJES, SOLO VE A CORRER!
¿TIENES MIEDO?

TINGLE, ¿ESTÁS LISTA?
¡POR SUPUESTO QUE NO TENGO MIEDO...!
¡ALTO!

Oye, debemos irnos ahora... ¿recuerdas?
Si, claaro... Ehh...
No, la verdad, no lo recuerdo
Vamos, yo sé que tú puedes
¡La cena especial de mamá!

¡OYE, ESPERA!
SABÍA QUE TE ACORDARÍAS
¡NO SIN TU AYUDA!
¡VAMOS, YA ES TARDE!
ZOOOM
NO HUYAS, TENEMOS UNA CARRERA
¡JA! SABÍA QUE TENDRÍA MIEDO
SÍ, SEGURO...

UPS

Ustedes dos sabían que debían llegar temprano
Además, se llevaron a Tingle
¡Tenían tarea! Buscar agua en el pozo, Recolectar leña, Buscar a los animales, Limpiar la casa...
Pero, pero...
¡Sin peros! ¡Adentro!

ESTER, QUÉDATE UN MOMENTO
¿POR QUÉ SIGUES HACIENDO ESAS CARRERAS Y METIÉNDOTE EN PROBLEMAS?
ERES LA MAYOR, MIRA CÓMO ARRUINASTE TU VESTIDO

No está tan mal
Es un desastre, solo ve a cambiarte
...
No eres mi mamá

Papá, ¿podemos ayudarte?
¿Niños?
Pues su mamá y yo ya preparamos todo, solo deben ir a cambiarse
Lo sentimos...
Mamá estaba muy molesta... ¿Por qué es tan importante una cena?
Bueno... no es solo una cena

HOY CELEBRAMOS EL PÉSAJ, MANTENEMOS VIVO LO QUE QUEDA DE NUESTRO PUEBLO Y LA FE DE LO QUE PODEMOS SER
PERO TU ESPOSA... DIGO... MAMÁ SIEMPRE SE ENOJA CONMIGO
ERA IMPORTANTE QUE NOS AYUDARAS
NO LE CAIGO BIEN...
ESTOY SEGURO DE QUE ELLA SOLO QUIERE LO MEJOR
AMBOS VEMOS ALGO MUY ESPECIAL EN TI

¿HAN PENSADO CÓMO NOS SENTIMOS NOSOTROS?
TÚ, RUFO, DEBÍAS AYUDARME CON TODA LA LEÑA Y LOS ANIMALES
ESTER, ¿SABÍAS QUE ABI ESTUVO HACIENDO TU VESTIDO DURANTE LA NOCHE?
QUIZÁS UN "GRACIAS" LE HUBIERA CAMBIADO EL HUMOR

Sí... LE DEBO UNA DISCULPA...
SOLO VAYAN A CAMBIARSE
Sí, NECESITO BAÑARME

YA HABLÉ CON LOS CHICOS...
¿ABI?
...
¿ESTÁS BIEN?
ELLA NO ME QUIERE
TRANQUILA
SOLO QUIERO ENSEÑARLE LO CORRECTO

QUIERO QUE PUEDA CRECER CON NOSOTROS, TIENE UN ESPÍRITU FUERTE Y MARAVILLOSO
SÍ, SOLO DALE ALGO DE TIEMPO

# UN TIEMPO JUNTAS

Oye, tengo una idea
Quería que pasáramos un tiempo juntas
¿Qué te parece si te enseño mi pastel especial?
Es una receta de varias generaciones.

¿QUÉ NECESITAMOS?
¡MUY BIEN!, CREO QUE TENEMOS TODO...
MMM.. PARECE QUE NOS FALTA SOLO UN POCO DE MIEL.
MMM.. OK

VAMOS A COMPRARLO EN EL PUEBLO, ESTÁ A SOLO UNOS MINUTOS
BIEN, AHÍ ESTA EL VENDEDOR
...
JUSTO A TIEMPO, QUEDA EL ÚLTIMO TARRO DE MIEL

¡UN TARRO DE MIEL, POR FAVOR!
ESPERE... NOSOTRAS LO VIMOS PRIMERO
?

Oh no, no... Yo lo vi primero... y lo tomé
Solo estaban mirando...
¡Íbamos a pedirlo y estábamos delante en la fila!

¡Es mío!
¡Debo hacer un pastel!
SWAP

BOING
¿ALGUIEN VA A PAGAR?
¡FIUUU!
FLUP

¡ARRE!

¡NO!
¡ESPERE!
...

BROOM
BROOM
SWIP

?
MEEEH!
MEEEH!
¡TENGO UNA IDEA!

¡A CORRER!

¡TE ATRAPARÉ!
¡YA CASI...!

VAYA, TU HIJA ES ESTUPENDA
MI HIJA.. SÍ, NUNCA LA VI CORRER Y ES INCREÍBLE
ESA MIEL IGUAL SERÁ MÍA
¿ESPERA, QUÉ?
¡DE NINGUNA MANERA!

¡JA! LO TENGO
¡ESTER, CUIDADO!
¿DE QUÉ?

¡OH! ¡NO
OTRA VEZ!
PUFF
¡AÚN LO
TENGO!

!
¡FUERA, PAJARO! ¡NO HAGAS MÁS LARGA ESTA HISTORIA!
¡SHUUU, SHUUU!

...
AAHH!

OH...
PUFF

LAMENTO MUCHO HACERTE TROPEZAR
Y YO JALAR TU CABELLO

OYE, PUEDES LLEVARTE LA MIEL...
LA IDEA ERA PASAR TIEMPO CON MI MAMÁ, Y TODO ESTO FUE MUY DIVERTIDO
GRACIAS...
SÍ, CREO QUE PODEMOS HACER ESA TORTA OTRO DÍA
¡OIGAN! ¿QUIÉN VA A PAGAR?
OH... ¡YO, LO SIENTO!

ABI… DIGO… MAMÁ, LAMENTO MUCHO LO QUE DIJE EL OTRO DÍA
Y TAMBIÉN POR ESTROPEAR EL VESTIDO
DESCUIDA, SÉ QUE NO HA SIDO FÁCIL PARA TI
NO ES PROBLEMA, PARECE QUE DEBO HACERTE UNO ESPECIAL PARA CARRERAS
ERES MUY BUENA

# LOS FORASTEROS

¡Sí!
¿Están listos para ir al puerto?

¿Qué hay en el puerto?
¿Qué haremos?
¡Hay de todo! Pero lo mejor son...
Sí, panes y muchos suministros que necesitamos con mejores precios
Los panes dulces con miel

יהוה
PERO QUE NO SE NOS HAGA TARDE, ¡ZARPEMOS!

¿FALTA MUCHO PARA LLEGAR?
EN UN PAR DE HORAS LLEGAREMOS, PERO...
HAY ALGO RARO ACÁ...

¿Qué sucede?
Nada, creí haber visto un narval...
Pero es muy raro en estas aguas
¿Un narval? ¿Qué es?
Es un animal hermoso con un gran...
¿Cuerno?
Sí, correcto... ¡Espera! ¿Cómo lo sabes?

¿Es ese de allá?
¡Oh, mira! ¡Es un NARVAL!

PARECE QUE TIENE ALGO
DEBEMOS AYUDARLO

?
¿Y AHORA QUÉ ESTÁ HACIENDO?
SE ESTÁ AGITANDO
ZAZ ZAZ
CREO QUE QUIERE QUE LO SIGAMOS

OH, ESTO NO ES BUENO...

SE ESTÁ DIRIGIENDO AL MUELLE OESTE... OTRO PUERTO, PERO PELIGROSO
ESTÁ LLENO DE PIRATAS Y TRAMPOSOS

FLUP
¡SE SUMERGIÓ! LA PERDÍ DE VISTA...
YA ES ALGO TARDE, ASÍ QUE DEBEMOS ATRACAR AQUÍ
TENGAN MUCHO CUIDADO

DEBEMOS ACTUAR COMO LUGAREÑOS PARA NO PARECER FORASTEROS
MMM...
ARGG

¿Quiénes son estos?
¡Actúen natural!
Sí, no los conozco
Vamos a averiguarlo
¡Hey, tú! ¡Forastero!
¿Qué estás buscando por aquí?

Nosotros,
eh... estamos
Buscando
los... los...

Aceites cosméticos...
Sí, un...

¿ANTIARRUGAS CON ACEITE DE NARVAL?

¡OH! ¡PERFECTO, SÍ!
¡HOY ESTAN DE OFERTA!

DEJA MI PIEL SUAVE COMO BEBÉ
SÍ, SEGURO ESO... A MÍ ME VENDRÁ BIEN
POR AQUÍ PUEDES CONSEGUIRLO
¡OH, GRACIAS! PERO DEBO IRME

¡BUEN DÍA, CABALLEROS!

PREGUNTA, VAMOS...
ESTE BUEN SEÑOR ME RECOMENDÓ ESTE ACEITE Y, PUES... YO...

¡Pssst!
¡Papá, ven!
¿Uh?
Pregunta por los narvales, ellos deben tenerlos
No creo que sea buena idea
¡Solo pregunta! ¿Cómo sabemos si no les hacen daño?
Bueno, caballero, me gustaría comprarlo todo...

¿Qué?
¿Usted quiere todas las botellas?
Sí, pero no sin antes ver los narvales
Quiero saber si su aceite es real

Papá, ¿Estás seguro?
La verdad, no
Por acá, por favor

"MAHI
Bienvenidos al gran "mahi sefid"

ESE ES EL CAPITÁN "BARBA SUAVE", SIEMPRE DUERME... EN FIN, SIGAMOS POR ACÁ ABAJO...
AQUÍ TENEMOS TODA LA MERCANCÍA, SOLO LOS MEJORES

¡Oh Dios, apenas tienen un poco de agua!
Así que hablemos de precios, podemos encargarnos del envío
¿Qué es esto?
FLUP
¡Niños, rápido! ¡Denme ese arpón!

SWASH
CRASH
¡NIÑOS, SALGAMOS DE AQUÍ! ¡EL BARCO SE HUNDE!
¡SÁQUENME DE AQUÍ!
¡CORRE!
¡SÍ QUE ESTAMOS LOCOS!

¿A DÓNDE CREEN QUE VAN?
¡YA BÁJENME!
POOM!

¡¡MI BARCO!!

¡AUXILIO
NO SE NADAR!

¡EL BARCO SE HUNDE!
AHHH!!
ZZZ
¿CÓMO LE DIGO A MAMÁ QUE NO TENEMOS LOS SUMINISTROS?
NO CREERÁ NADA
CREO QUE DEBEMOS IRNOS

# SE HA PERDIDO UNA NIÑA

¿Ani?
¡Ani!
¿Donde estás?

CHICOS, ¿ESCUCHARON ESO?
¡BUAAA! ¡BUAAA!
ADORO CORRER POR EL PASTO
VAMOS A JUGAR, JUGAR, ¡JUGAR!

¡SÍ, ES EL SONIDO
DE LA AVENTURA!

¡ES EN SERIO!
IRÉ A VER

¿Hay alguien ahí?
¡Hola! ¿Estás lastimada?
Mi nombre es Hada, aunque a veces me llaman Ester, ¿y tú?
Tranquila, no voy a hacerte daño

¡Ester!,
¿Por qué tardas?
¡Vamos a jugar!
Veamos a
dónde fue
Ester

Ehh...
Ester,
¿Quién es ella?

CHICOS, PARECE QUE ESTÁ PERDIDA
RUFU, LLAMA A MAMÁ Y PAPÁ, DILES QUE VENGAN
YO ME QUEDARÉ CON ELLA
KIRA, BUSCA UN POCO DE AGUA
EHH... SÍ, ESTÁ BIEN...
YA, RÁPIDO, ¡BUSCA A MAMÁ!

TRANQUILA, ESTARÁS BIEN.
¿SABES? YO TAMBIÉN ME PERDÍ UNA VEZ
FUE HACE UN TIEMPO, ERA MÁS PEQUEÑA Y VIVÍA CON MI FAMILIA

Y UNAS PERSONAS MUY MALAS LLEGARON A MI PUEBLO...

ELLOS NOS ATACARON PORQUE NO LES GUSTABA NUESTRO DIOS

MIS PADRES ME ESCONDIERON ANTES DE QUE LLEGARAN A NUESTRA CASA

Todo lo que conocía desapareció

No se cuánto tiempo estuve ahí, pero finalmente vi la luz

Y AUNQUE MIS PADRES YA NO ESTABAN, NO ME SENTÍ SOLA
HOLA

AL PRINCIPIO NO FUE FÁCIL, ME SENTÍA MUY ENOJADA, PERO NUNCA DEJARON DE DARME AMOR

Ani...
Soy Ani
¿Qué? ¡Oh, es un lindo nombre!
Gracias por contarme tu historia
Tranquila, mis papás vendrán, ellos sabrán qué hacer
Yo estaba con mis papás en el pueblo, pero caí por la colina

Ester, cariño, ya estamos aquí
¿Están bien? Trajimos un poco de comida
Y agua
Sus papás están en el pueblo arriba de la colina
Bien, iré de inmediato a buscarlos. Ustedes cuídenla y limpien su herida

Señor oficial, busco a una familia, hay una niña perdida
¡Por supuesto! Sabemos dónde están, hemos buscado a la niña por todo el pueblo
Cayó por la colina, ¿Vamos?
!

Muchas gracias por cuidar a Ani

Lo hicieron bien, niños
¡Hermoso final feliz!
¿Ya podemos ir a jugar?

# NO LE ERRES AL BLANCO

VAMOS A JUGAR, TURU-TÚ-TÚ

SÍ, ESE OLOR DE LA PLAZA POR LA MAÑANA

¡El último en llegar es un huevo podrido!
Como si de verdad pudieras ganarme
¡Ja, ja, ja!
¡Boo!
?

¡Chicos, esperen! Unos bravucones están molestando a un niño allá
Bien... aquí vamos de vuelta...
¿Qué?
¡Oigan, ustedes! ¡Déjenlo en paz!
¿Y tú quién eres?
¡Ja, Ja, Ja!

¡DIJE QUE LO DEJEN!
¿Y SI NO, QUÉ, NIÑITA?
...

Pues yo digo que hagamos una apuesta
¿Una apuesta?
Te escucho
Sí, una competencia con la resortera en el campo de práctica de los arqueros

¿Y POR QUÉ ACEPTARÍA EL DESAFÍO?
PORQUE SI NO, SERÍAS UN COBARDE
¡HAZTE A UN LADO, ENANO! ¡SHUUU, SHUU!

Escúchame bien niñita, no soy un cobarde
Y tú escúchame bien, mi nombre es Ester
Uuuuuhhh!
Ella es mi hermana
Si yo gano, lo dejas en paz, y jamás volverás a molestar a un niño
¡Sí, sí, como tú digas! ¿Cuál es tu apuesta?

¡Siiiiiiiii!
Bien, pero si yo gano, el parque será mío, y nadie más podrá jugar
Ehhh...

¡TRATO HECHO!

ESTER, ¿ESTÁS SEGURA? ¡PODEMOS PERDER EL PARQUE!

O... PODRÍAMOS GANAR Y ASEGURARNOS DE QUE NUNCA MÁS MOLESTEN A LOS INOCENTES

¿Y CÓMO TIENES TANTA CONFIANZA EN GANAR?
NO SÉ SI GANARÉ, PERO CONFÍO EN QUE DIOS ESTÁ CON LOS JUSTOS, Y ESO SIGNIFICA QUE TODO SALDRÁ BIEN
BIENVENIDOS AL PARQUE DE PRÁCTICAS

SOLO LOS MEJORES PRÁCTICAN AQUÍ
¡OOOHHH!
BUENO, BASTA DE TANTO HABLAR... ¿ESTÁS LISTA?
OH, SÍ, CRÉEME: ¡NACÍ LISTA!
¡QUIEN ACUMULE MÁS PUNTOS GANA!
3 PUNTOS EN EL CENTRO
1 PUNTO FUERA DEL CENTRO
¡HECHO!

OBSERVA Y APRENDE
SWASH
PAW
ESTER, PARECE QUE ÉL ES MUY BUENO
TRANQUILO, LOS PRIMEROS SON LOS MÁS FÁCILES
PLIF
ESTAMOS PERDIDOS

Esto será muy fácil
¡JA, JA, JA!
3–0
¡Mi turno!
PAW
+3
+3

¡SÍÍÍÍÍÍÍ!
SOLO TUVISTE SUERTE
Y YO CREO QUE TIENES MIEDO
AÚN VAMOS 6–3
LE DOBLAMOS LA DIFICULTAD
PUFF
PAM
BANG
PUM
SWISHI

Aún falta... un ... tiro más...
Ester 17 y tú 19 puntos
¿Cómo van los puntos?
¡Ester, Ester, Ester!
Swash
Bang

¡Sí, Gran tiro!
No te servirá de nada
Solo necesito un punto para ganarte
¡Ay, no!
Vayan despidiéndose del parque, niñitos...

¿QUÉ NOMBRE LE PONDRÉ A MI NUEVO PARQUE?
VA EL ÚLTIMO TIRO...
¿QUÉ? ¡NO PUEDO VER!

SWISH
¡FALLÓ EL TIRO!
¡PERO NUNCA FALLO!
FUE UNA BUENA BATALLA
YO NO VI NADA...
¡HABÍA UNA LUZ JUSTO CUANDO LANCÉ! ¡NO PUDE VER NADA!

¡SÍÍÍÍÍÍÍÍÍÍ!
¡UN PARQUE SIN ABUSIVOS!

Oye, Ester, yo... lo siento. No volveré a molestarlos
Descuida, gracias por disculparte
No sé qué pasó, de verdad. No lo inventé, un destello llegó directo a mis ojos...
No importa, sé que eres mejor que yo con la honda...
Deberías usarlo para ayudar a otros, serías el protector de los indefensos
Me gusta cómo suena eso

# ¿DÓNDE DEBEMOS ESTAR?

DESCUIDE, ES UN GUSTO AYUDARLE
¡MUCHAS GRACIAS, ESTER! SIEMPRE TAN AMABLE

Adiós, pequeña Ester
¡Hasta luego!

Papá, quería preguntarte algo

SEGURO, DIME
PUES...

¿POR QUÉ DEBO LLAMARME ESTER Y NO PUEDO SER MÁS HADASSA?
OH...

HADA, TIENES UN NOMBRE HERMOSO, ¿SABES? ES EL MISMO DE UNA FLOR, PERO...

DESPUÉS DE LO QUE LE PASÓ A TUS VERDADEROS PADRES...
PENSAMOS QUE ES MEJOR QUE NADIE SEPA TU ORIGEN
ASÍ ESTARÍAS A SALVO...

SOLO QUEREMOS PROTEGERTE
¿POR QUÉ HAY PERSONAS MALAS?

SOLO SON PERSONAS MUY CONFUNDIDAS

PAPÁ, ¿PODEMOS QUEDARNOS A JUGAR UN RATO MÁS?
BIEN, PERO VUELVAN ANTES DE LA CENA

15 MINUTOS
MÁS TARDE

¡Asu! ¿A dónde vas?
¡Buen día, joven príncipe! ¿Haciendo ejercicio?
¡Hola, Buen día! ¡Adiós!
¡Debo salir rápido!

OYE, ¿VISTE AL PRÍNCIPE POR AQUÍ?
SÍ, INTENTA ESCAPARSE
¿ESCAPARSE? NO, POR AQUÍ NO PASÓ NADIE
¡OH, NO! SI NO LO ENCONTRAMOS, ESTAMOS EN PROBLEMAS
VOLVERÉ PRONTO, SOLO QUIERO UN DÍA DE UN NIÑO NORMAL

¡SOY LIBRE!
¡MUY LINDAS FRUTAS!
¡AAAAYY! ¡MIS NARANJAS!
POOOM
LO SIENTO MUCHO, SEÑORA
¡TEN CUIDADO, PEQUEÑO HOLGAZÁN!

OYE, LOID, TENGO HAMBRE
SÍ , CREO QUE YA LOS PERDÍ

?
DEBO QUITARME ESTO PARA PASAR DESAPERCIBIDO

¿QUIÉN ES ESE CHICO?
ESTAS COSAS DEBEN VALER UNA FORTUNA

OHHH... ¡TENGO UNA IDEA!
CREO QUE NO VOLVEREMOS A TENER HAMBRE NUNCA MÁS

¡JA, JA! ¡AQUÍ ESTOY, NO PUEDES ATRAPARME!
EHH... HOLA...
HOLA, ¿TE CONOZCO? NO CREO HABERTE VISTO POR AQUÍ.
¡NO, NO! YO... ¿PUEDO JUGAR?

¡JA! ¡TE TOQUÉ, TÚ LAS TRAES!
PERO NO ESTABA JUGANDO... YO...
OYE, NIÑO NUEVO, ME TOCARON POR TU CULPA, ¡ASÍ QUE TÚ LAS TRAES!
¡SÍ! ¡DE ACUERDO!

De acuerdo, Loid
Ahí está el chico. Cuando esté cerca y distraído, debemos atraparlo.

¡JA, JA! ¡AQUÍ ESTOY, NO PODRÁS ATRAPARME!
ELLOS NO, PERO NOSOTROS SÍ
¡RÁPIDO, BABAK, CORRE!
¿QUÉ? ¡AUXILIO!

¡CHICOS! ¡ESOS TIPOS SE LLEVARON AL NIÑO NUEVO!
¡HAY QUE IR TRAS ELLOS!
¿EN SERIO? CADA VEZ QUE JUGAMOS, ¿ALGUIEN TIENE QUE ESTAR SIEMPRE EN PELIGRO?

¡RÁPIDO! ¡LLAMEN A LOS ADULTOS!
¡ENSEGUIDA!
¡CIRO! ¿VINISTE CON TU CERDO?
¿Y TÚ, JAZ, TIENES TU HONDA?
¡SIEMPRE CONMIGO!
CLARO, NO SALGO SIN ELLA

¡Mantenlo estable!
¡Se están alejando!
¡Podemos atraparlos!
¡Eso intento!

Pediremos una fortuna por el niño
Dios, tuya es la justicia. Yo solo soy una honda en tus manos

¡BANG!
AHHH
POOMM

¡Rufo, la soga!
¿Qué fue todo eso?

¡Sí! ¡Lo hicimos!
¡Vengan esos cinco!
¡Excelente trabajo, chicos!

¡Chicos, salvaron mi vida! Estoy muy agradecido
Descuida, ya se está haciendo un hábito salvar vidas
Ehh... no es nada
¡Príncipe Asuero, finalmente lo encontramos!
Su majestad, el rey, quiere verlo
!
Enseguida voy, solo dame un momento

ESTER, ESTAS SON FLORES DE MIRTO.
LAS VI EN EL PARQUE Y PENSÉ EN TI.
SEGURO, CUÍDATE
PROMETO QUE NUNCA OLVIDARÉ LO QUE HICIERON POR MÍ. SÉ QUE VOLVERÉ A VERTE
PFF... ¿ES EN SERIO?
¡MERECEMOS UNA RECOMPENSA, O UN PARQUE NUEVO, AL MENOS!
¡LO HICIMOS PORQUE ES LO CORRECTO!

## ALGUNAS PREGUNTAS QUE DEBES RESPONDER:

### ¿QUIÉN ESTÁ DETRÁS DE ESTE LIBRO?

**Especialidades 625** es un equipo de pastores y siervos de distintos países, distintas denominaciones, distintos tamaños y estilos de iglesia que amamos a Cristo y a las nuevas generaciones.

e625.com

### ¿DE QUÉ SE TRATA E625.COM?

Nuestra pasión es ayudar a las familias y a las iglesias en Iberoamérica a encontrar buenos materiales y recursos para el discipulado de las nuevas generaciones y por eso nuestra página web sirve a padres, pastores, maestros y líderes en general los 365 días del año a través de **www.e625.com** con recursos gratis.

ZONA DE CONTENIDO PREMIUM

### ¿QUÉ ES EL SERVICIO PREMIUM?

Además de reflexiones y materiales cortos gratis, tenemos un servicio de lecciones, series, investigaciones, libros online y recursos audiovisuales para facilitar tu tarea. Tu iglesia puede acceder con una suscripción mensual a este servicio por congregación que les permite a todos los líderes de una iglesia local, descargar materiales para compartir en equipo y hacer las copias necesarias que encuentren pertinentes para las distintas actividades de la congregación o sus familias.

### ¿PUEDO EQUIPARME CON USTEDES?

Sería un privilegio ayudarte y con ese objetivo existen nuestros eventos y nuestras posibilidades de educación formal. Visita **www.e625.com/Eventos** para enterarte de nuestros seminarios y convocatorias e ingresa a **www.institutoE625.com** para conocer los cursos online que ofrece el Instituto E 6.25

### ¿QUIERES ACTUALIZACIÓN CONTINUA?

Regístrate ya mismo a los updates de **e625.com** según sea tu arena de trabajo: Niños - Preadolescentes - Adolescentes - Jóvenes.

## ¡APRENDAMOS JUNTOS!

e625.com /e625COM